Naïde Pavelly OBIANG

Persévère

Une collection de pensées

ISBN: 978-1-7334136-9-5

DÉDICACE

À ma maman, Yolande

Pendant toutes ces années loin de toi, l'écho de ta voix a su me garder souriante. Merci pour ta contribution sur ce projet.

À Motéma

Encore une fois, merci d'avoir été généreux avec ton temps afin que ce projet voie le jour.

Index

L'Amour

"Ce qui est à toi sera à toi."

Maman

L'amour
ne s'impose pas.
L'amour naît
et la réciprocité
le maintien.

Ne retiens pas
une porte qui
veut se fermer,
elle te percera
le poignet.

La trahison
et la déception, telles sont
les malaises de la nuit.
Le jour, lui, promet
toujours restitution.

L'amour et l'amitié
sont comme
l'eau et l'air.
Ils doivent tous les deux
exister
pour donner
longue vie à une relation.

Aimer, c'est faire
des concessions.
Cependant, concession
n'est ni compromission,
ni soumission.

L'amour
ne manipule pas,
n'humilie pas.
L'amour aime.

Ne regrette pas
d'avoir aimé.
La vie se souvient
toujours
d'un cœur dévoué.

L'amour a quatre pieds.
Il boitille avec trois.
Mais avec deux,
il s'écroulera.

Ne pleure pas
un amour parti.
Le temps dévoilera
pourquoi ta vie
avait besoin
de son absence
pour fleurir.

L'amour viendra toujours à
tous, un jour.

Le Destin

"La vie est un jeu dont il faut parfois enfreindre les règles. La clé est de savoir lesquelles."

Maman

Le rêve est le fœtus
d'une vie. Garde à
vouloir l'avorter
trop vite.

On ne
peut pas se lancer
des pierres
et espérer avancer
en même temps.
Soit patiente
avec toi-même.

Osez franchir
l'infranchissable car vous
seuls pouvez réaliser vos
rêves étouffés.

Le lever du
soleil est un signe que le jour
propice pour se relever est
arrivé.

Il n'y a qu'une seule façon
de naître mais il y a plusieurs
manières de mourir.
Choisi la tienne.

On n'attend pas
une opportunité.
On la crée.

Le succès des autres peut
être une source
d'inspiration mais
ne doit pas être une arme
d'auto-condamnation.
À chacun sa course.
À chacun son fardeau.

Les rêves
ne meurent
qu'à la mort.
Entre temps,
ils patientent
impatiemment
au coin de
nos pensées.

Ne change que ce qu'on
a décidé de changer.

Suis ton chemin.
Si tu te perds,
ton destin te retrouvera.

L'Échec

"Le plus important
n'est pas ce que les
autres pensent de toi,
mais plutôt ce que tu
comptes faire de toi."

Maman

La défaite
est à la réussite ce que la lumière
est à l'obscurité.

L'échec est la preuve
de votre ambition.
Votre persistance à
réaliser cette ambition
est la preuve de votre
détermination. Et
votre détermination ;
la clé de votre
promotion.

Un
manquement est un atout
dénué de témérité. Affrontez
vos limites et les barrières
s'agenouilleront devant vous.

La volonté de résoudre un
problème est déjà le début
de sa solution.
Va à ton rythme.

Le passé est passé

Le présent se passe

Le futur passera

Celle qui a
peur
d'échouer n'a
pas encore
vécu.

Un combat ne s'arrête
que lorsqu'il est gagné.

 La
tempête grogne tout le
temps. Le vent secoue à
chaque instant. La pluie
noie de temps en temps.
Cependant, le soleil
exhortera toujours,
toute la vie Durant.

Le temps guérit.
Fais-lui confiance.

Échouer est l'ami d'essayer.
Persévérer est le meilleur
ami de gagner.

Les Relatïons

"Qui pense savoir doute
rarement de son ignorance."

Maman

Le pardon semble
difficile mais son
pouvoir est inouï.

Faire du bien n'est
jamais une peine
perdue.

Après la colère,
fait place à la prière et
au pardon.

L'ignorant ignore
d'où vient son ignorance.

L'authenticité fait taire
le complexe et intimide le
suivisme.

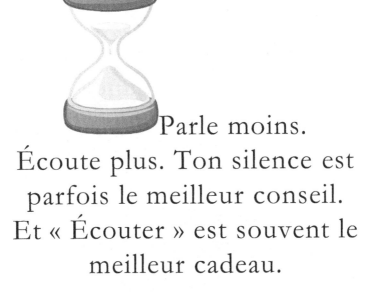
Parle moins.
Écoute plus. Ton silence est
parfois le meilleur conseil.
Et « Écouter » est souvent le
meilleur cadeau.

Ne t'oublie pas
pendant que tu aides
les autres. Personne
n'a besoin d'une
maison sans un toit.

La Solïtude

"…Toute seule ?
Mais Dieu est dans l'invisible."

Maman

Ne négligeons pas
les moments de méditation.
Là s'y trouve
la voix du destin.

Il est parfois
Important de laisser
le calme envahir
le couloir des pensées
afin de voir
les choses claires.

Ne confisque pas
les enseignements recueillis
dans la solitude.
La sagesse, elle,
a toujours besoin
d'une audience.

Prier sans agir c'est
vivre sur son lit.
    Rien ne changera si
    on ne se lève pas.

L'homme n'est libre que
    lorsqu'il arrive à danser
    dans sa solitude.

La vérité aura toujours son tour
qu'importe le temps.

Avoir un moment de silence
rend hommage à ta valeur.

Confie tes secrets
à la prière.
Elle t'écoutera sans
jugement.

Personne ne sait tout.
Personne n'a tout.
Personne n'est tout ;
sauf Dieu.

C'est dans la
solitude que
l'on puise de la
persévérance.

« ...Reste toujours sereine. »

Maman

CONTACTER L'AUTEUR

Email : 2obvision@gmail.com

Facebook/facebook.com/2obvision

Instagram @2obvision

https://www.2obvision.com/

Made in the USA
Middletown, DE
24 June 2023

32839169R00036